U0036594

心安病安

40則｜身心平安｜指引

聖嚴法師

法鼓文化編輯部 選編

智慧心接受生死

　　生病是人生的隨堂考，讓我們練習接受生死無常。聖嚴法師雖然一生病痛纏身，卻能病而不苦。一般人都將生病視為倒楣的事，只能無奈接受，聖嚴法師卻反而鼓勵我們轉念，若能心懷感恩，珍惜生病的修行機會，就能因禍得福，轉危為安。

　　一個人如果找不到安心之道，伴隨著年老而來的就是病苦。如能擁有智慧的生死觀，不但能病得很健康，也不會因為怕老，執著於追求留住青春，而能老得很自

在、很幸福。

聖嚴法師提醒我們：「健康不一定是身上沒有病，而是在思想上要有智慧，即是『活得快樂、病得健康』。」法師認為真正的「健康」，是心理的健康重於身體的健壯，所以應當將生活的挫折，轉換成自我磨鍊。我們學佛後可透過生病的機會，學習善觀因緣、因果的法則，並修福修慧來提昇生命品質。正如法師所說：「面對果報、接受果報、改善果報，這才是最好的治病之道。」

有時生病會讓我們直面生死，卻可從中體驗無常，而有豁達開朗的生死態度。我們只要心安定、身自在，就能通過生病的考驗，鍛鍊成一位生命智者。

——法鼓文化編輯部

目錄
Contents

目錄
Contents

01

從心安起步

一般來說，平安就是幸福，亦說，無病就是福。

❀ 心安就是平安

所謂「平安」，其實，心安就是平安！心中少一些不平衡、憤怒、恐懼、仇恨、猜疑，心便較平安一些；多一些慈悲心、多一份包容、多一份讚歎，也就是平安。如此，能讓自己不受外界環境所困擾與影響，而走出一條有智慧的路來，就是

平安。

　　至於說「無病」，病可分為身病與心病兩大類。

　　醫生能夠治療的是身體一部分的病，而有許多病，是要靠心來治療。心理的病，不一定靠心理醫師，最後還是要靠自己治療的。

　　能知足、感恩，便能治療自己的心病，若常抱持：還有一口呼吸在，就感到非常地富足，充滿了無限的未來和希望。如此，心中就沒有病了。

※　心中無病

　　心中無病，身體有一些小病，也不算什麼。

　　有人說：沒有家鬼，不會死人。意思是說，若心中沒有病，心理十分健康、開

朗，充滿智慧和慈悲，那任何邪魔鬼怪都不能入侵的。這才是真正的幸福。

——

（選自《台灣，加油》）

聖嚴法師的叮嚀

改變自己的行為，多與人結善緣，
對人多說好話、做好事，
能夠如此，心裡就會平安，
命運自然也會改變。

02

同病相憐、同舟共濟

　　普通人的身心狀態，若從身體來說
是有病的，從心理而言也是有問題的，但
我們卻認為這是正常的。人自出生開始，
就是帶著父母的遺傳而有了身體。父母本
身沒有絕對的健康，所以，任何一個嬰兒
出生的時候，也就帶著若干的病來到這個
世間。

❀ 所有的人都是病人

　　有一次我和一位醫生在街上走著，他

向二個人打招呼，並跟我介紹他們是他的病人。我很驚訝，因為這二個人看起來沒有病啊！怎會是病人呢？後來我問醫生，他們得了什麼病？他說：「是啊！從醫生立場來看，凡跟我有關係的都是我的病人，雖然你看他是好好的，但他還是有病啊！」從那天之後，我就肯定從醫生的立場來看所有的人都是病人。有的人雖看過醫生，但是病根還沒有完全去除；有的根本沒發覺有病，但已經潛伏著病因。

既然世界上沒有人不害病，那麼有病是正常的；既是正常的，我們就應該接受它。不需要對病產生恐懼、害怕或怨恨。身是如此，心亦如此。我們的心從出生以來，便是不滿足的，這是因為我們對世界有追求和討厭的二種心態。也就是貪、瞋的心態。永遠追求、執著好的事物；永遠逃避、拒絕、反抗不好的事物。

✳ 慈悲病人

　　所謂病就是身體的病，或心理的病，這二種病加起來，就讓我們不自在。如果我們了解這是一種平常人的身心，那麼我們對於自己的家人或所接觸到的人，就會採取一種容忍、同情、諒解、慈悲的心態。

　　所謂「同病相憐」、「同舟共濟」，我們都是有病的人，病人看病人，彼此互助，這才是一種正常的現象。如果我們把所有的人當成健康的人，而把自己當成病人，這可能有問題發生了，會只希望人家原諒自己，而不原諒別人。

　　所以，我們應該知道人人都有身體的病及心理的病，他們做了任何對不起我的事，做出了任何對不起社會的事，要給他們一份同情和憐憫，這也是佛法所講的慈

悲的精神所在。

　　而已經開始修行的人，他們的身心也是平常身心。因為他們修行以後，身心會有一種變化，那是平安的身體和平靜的心理。雖然身體可能還是有病，但是他會比較安定，不會因為有病，就像熱鍋上的螞蟻般焦慮、煩躁。

　　有的人生病後，胡亂投醫，什麼醫生都去找，什麼藥都吃。但那就像一條船有許多船長，只會增加不安。也有很多人非常注意身體的保養，但對身體太愛護，反而使其更壞。修行之後，原則是這樣：吃的粗，營養好；吃的少，吸收多；不吃很精緻的東西，但要細嚼慢嚥，只吃七、八分飽，不暴飲暴食，這樣身體自然會平安。

（選自《禪與悟》）

03

即使生病，也不痛苦

在醫學領域裡，無論是傳統中醫或現代西醫，在面對人類各種病苦時，仍然有很多無法突破的瓶頸。所以，我們常常會聽到很多被疾病纏身的例子，即使嘗試過各種醫療方式、受盡折磨，卻依然無法解脫病痛。

✿ 生理與心理的疾病

疾病大約可分為生理與心理兩種。所謂「病從口入」，生理上的疾病經常是由

於吃了不潔的東西所引起的，有時病媒也會由耳朵、眼睛或身體任何一個部位侵入感染。換句話說，只要我們的衛生常識不夠，不懂得保養、保健，就很容易使身體生病。

心理疾病的產生，則是由於人的六根受到汙染，導致心靈、頭腦發生問題。所謂「六根」，就是眼、耳、鼻、舌、身、意，亦即眼睛、耳朵、鼻子等五官加上身體及腦神經的反射、反應作用。心理的疾病是從我們的六根進去的，這類疾病要找心理醫生用心理學的方式進行治療。

然而，身心是互相影響的，生理疾病會影響一個人的情緒，同樣地，心理疾病也會引發身體不適。目前一般的中、西醫大多僅以藥物治療，或是用針灸、推拿、穴道按摩等物理方式來幫助病人，但這只能治標而無法治本。在預防疾病方面，

也僅限於宣導維護環境衛生、提倡個人生活規律、飲食均衡、養成良好的運動習慣等，還是無法照顧到我們的內心。

即使心理醫生也是如此，他們往往只是問問病人過去的成長背景、生活經驗，有無任何創傷經驗或心理不平衡之處，然後再加以疏導、化解。這種治療方式表面上可以達到某種程度的效果，暫時緩和病人的症狀，但仍然無法徹底治療。

在跟我學禪的西方弟子之中，有許多都是心理醫生、心理治療師，或是心理學家，例如在英國的一班學生之中，就有幾十位都是心理醫師。他們平常為病患解惑療傷，結果自己卻有頗為嚴重的心理問題，即使用心理治療的方法也解決不了，因而前來找我，希望我以禪的方法幫助他們。

❉ 佛是大醫王

我們常把「病、苦」連在一起說，但疾病所引起的痛苦究竟屬於生理的？還是心理的？乍看之下，好像是生理的，因為是身體有病、感覺疼痛，所以才覺得苦。其實，痛不一定是苦，苦是一連串的不甘願、無奈、沒有希望、不知如何是好的心理感受。如果心理健全、有所寄託，觀念也非常通達，那麼身體的病只是單純的痛而已，並不會成為問題，內心也不會覺得苦。

例如，有位老人家長期受癌症的折磨，他所面對的生理上的疼痛，是常人難以體會的。但是由於佛法觀念的幫助，雖然痛卻不苦，臨終時，還有阿彌陀佛前來接引，老人家覺得前途無限光明，不但走得很歡喜、也很安詳，可見佛法的確有治

療病苦的效果。

在眾多形容佛的名號當中，有一種名稱是「大醫王」，因為他是世界上最好的醫生、醫生之中的醫生，尤其專門醫治人們的心病。所以，只要對佛法有信心，任何患病的人都可以少受一點苦，只要心理上的苦沒有了，病情就會跟著減輕，這也是佛法救苦救難的功能之一。

（選自《真正的快樂》）

聖嚴法師的叮嚀

如果心理平衡，內心的問題解決了，
身體的問題便容易處理。
即使身體有病，但心是平安的，
也就不以為苦了。

Chapter

04

身體是臭皮囊

　　人一出生就是跟老、病、死連在一起的。多活一天就是多老一天，多老一天就多接近死亡一天。但是，許多人都認為出生時叫「生」，等到像我這把年紀，頭髮白了、牙齒掉了、路走不動了，才叫「老」。其實「老」是時間的過程，我們一出生後，就和時間連結在一起，也隨著時間一步一步地老去。

　　然後是「病」，病是身體產生各種狀況。身體的病可分成兩類：一類是四大不調，另一類是飲食不調。四大不調有許多

の原因，有些是生活的作息、有些是心理的因素、有些則是環境的狀況。甚至飲食不調、生活不調，環境狀況不能適應，都會四大不調。

❀ 不要自己嚇自己

而我們往往從胎裡就帶來了病，所以沒有病是不可能的。但是，有幾點應注意：第一、不要老是擔心自己害病；第二、有病要照顧；第三、有病千萬不要自己嚇自己，老是想：「不得了！我害病了！我完蛋了！」

記得我讀佛學院時，有一個同學經常有氣無力地哀聲嘆氣著：「我有病啊！我有病啊！」還常常告訴別人：「我大概兩、三天以後就會死，你們要替我助念，請你們無論如何要幫我念佛啊！」

結果這位法師一輩子害病，到現在年齡比我大也還沒有死。但因為老是喊著：有病、有病！於是人家只會可憐他，而不會尊敬他。其實他是有學問的，但別人親近他不是為了學法，而是可憐他無依無靠、沒人照顧，所以幫他帶點吃的東西過去，或是幫他打掃、洗衣服，因為供養病比丘就是供養佛。

※ 以正面的心態面對疾病

我請問你們：「你們願意做這樣的人嗎？」我們學佛的人心理健康比身體健康重要，身體有病是正常的，如何以正面的心態來面對疾病，才是重要的。否則很容易因為自己有病，所以不想去完成工作、不想為眾生奉獻，這樣一輩子就浪費了。

佛法已經告訴我們：「身體是臭皮

囊。」既然叫作臭皮囊，那當然不是很好的東西。可是我們仍然要用這臭皮囊做為修行的工具，所謂藉色身修行，色身就是臭皮囊。臭皮囊經常有病，正好也印證了佛法是真實不虛的，因為佛說人有生、老、病、死，生、老、病、死是跟我們連在一起的。

法鼓山在三義傳授菩薩戒的時候，我旁邊的兩位法師都在害病，我站他們中間，傳戒儀式進行了兩個小時。之後，我的頭就開始痛了，這就是環境的問題。但我不能因為有病就不工作，如果沒有人能代替我，該做的事還是要做。所以我常說，我這個人沒有福報，連養病的權利都沒有。連我住院的時候，都有人拿著卷宗來請示，有時還找人來跟我開會。在這個世界我是沒得逃了，到這個地方這個地方有事，到那個地方那個地方有事，到美國

去也是一樣，美國也有很多事等著處理。

　　但是換個角度來看，像我這樣的身體還能做這麼些事、還能為人服務，我還挺高興的呢！而且我也沒有因此而垮掉了。有的人像我同學那樣，一輩子沒做出什麼事來，害病也害了一輩子；可是有的人雖有病，但他一輩子也做了很多事；世上就是有這兩種不同的人。我不是說不能有病，只是有病還是要繼續用有病的身體，不過要調劑、要適中。

（選自《法鼓家風》）

05

生病時祈禱有用嗎？

　　祈禱的原理，是以祈禱者的心力——由強烈的信念所產生的一種超自然的精神統一的定力，去感應被祈禱者（如諸佛菩薩）的大悲願力，自己的定力與佛菩薩的願力相應相接，便會產生一種不可思議的神力，那就是祈禱所得的經驗或靈驗。

❀ 信念堅強逢凶化吉

　　在大乘佛教的中國地區，祈禱觀音菩薩的靈驗，最為卓著。再說，一個虔敬

的三寶弟子，本來就有善神的護持，只要信念堅強，若遇到突發的變故，雖不臨時祈禱，也會逢凶化吉。因為祈禱的功能，是由堅強的信念中產生，所以，凡是信念堅強的人，也就等於時刻都在祈禱的功能之中。

不過，佛教雖然深信祈禱的功能，但也並不強調祈禱的萬能。比如佛教徒生了病，祈禱是要緊的，如果病人有自信的把握，能夠憑他虔誠的祈禱，便可感應痊癒。所以，說法聞法也能醫病；如果病人沒有自信和把握，也缺乏祈禱的經驗（是指效驗），那就應該延醫診治了，所以，雖在釋迦世尊的當時，比丘們患了病，通常也多用醫藥治療。

❊ 醫治生死心病

　　因此，一般相信：佛法，主要是醫眾
生生死的心病；醫藥，能治血肉之軀的身
病。有了病痛，祈禱是應該的，診療也是
必須的──這是正信佛教徒的見解。

──────
（選自《正信的佛教》）

佛法治心病

　　佛教原先在印度出現，釋迦牟尼佛開始就是為了替人類治病。人類的病，應該說是與生俱來，生出來就已經開始害病。沒有害病的人還沒有生出來，如果他出生以後，一定死了以後才沒有病。

❋ 心理愈健康愈少生病

　　所以，在人生的過程中，不管是身體的或是心理的，都是會有病痛的。佛說，身體的病，應該找醫生看；心理的病，應

該用佛法來治療。

不過，人的心理愈健康，身體的病也會愈少，對於身體病痛的感受，也會減少。所以，佛的救世、救人的心比救人的身體問題更重要。

※ 心病痊癒即解脫

若能把心理的病，全部治好的話，就叫作解脫。如果身體健康而心理不健康，這種人比身體有病更痛苦。所以佛說的苦，是指生理與心理兩種，但是更重要的是心理的苦。如果身體有病而心理很健康的話，身體的病是可以忍受的。身體的病應該叫痛，心理的病才叫作苦。佛法不是用來除痛的，因為那不是麻醉針，而是用來救苦的。

———
（選自《禪與悟》）

07

禪法即是安心的方法

　　禪法，就是用來安心的觀念和方法。
釋迦牟尼佛年輕時，因為看到人有生、
老、病、死之苦，不知如何解脫，所以
出家修行，悟得安心之道；他說法四十九
年，都是專為人類做安心的服務。他告訴
我們，身體需要物質來幫助，需要醫藥來
治療，但心要依靠佛法的救濟。

❀ 讓心每天都有安靜的時候

　　身體的健康固然重要，可是如果心

理不健康，即使外表看起來健康，也仍是一個有病的人。通常自認為身體健康的人很多，因為他們不知道身體是否有病，如果沒有感覺不舒服，就認為是健康的；可是，自以為心理完全健康、完全沒有問題、很正常的，恐怕就沒幾個了。

如果想要身體的健康必須要有適度的運動，可是心理的健康正好相反，必須要有適當的安靜；身體最好每天都有運動時間，心靈則最好每天都有安靜的時候；通常，人們可能每天有運動的習慣，卻很少有讓心安靜一段時間的習慣。

❋ 放鬆身心，放下牽掛

禪的心理治療，即是為人安心的方法，其中包括兩項：一是放鬆身心；二是放下心中的牽掛。這需要練習，如果僅是知道

而不去練習，是沒有用的。但是，這種放鬆和放下也只是暫時的，不是永久的，因為一般人做不到一次放下就永遠放下，可能可以放下一、兩分鐘，但之後還是放不下。不過，人們多半需要先練習暫時的放下，然後才能永久的放下；也就是說，永久的放下，通常是從暫時的放下開始。

中國禪宗有頓悟與漸悟之說，「漸」是經由方法的不斷練習而讓心理愈來愈健康；而「頓」是不需要用方法，一下子就開悟，一下子就放下牽掛，所以很多人喜歡「頓悟」。不需修行而突然頓悟是有的，但非常稀有難得，一般人還是需要在平常生活中練習方法。例如：在一天中找出幾個時段，或者當知道自己心理發生問題的時候，就用放鬆身心的方法來幫助自己。

（選自《動靜皆自在》）

08

如何病得很健康？

　　我們身體的機能會隨著年齡增長而退化，身體的組織也會衰老，這是自然現象。不管是動物、植物，任何物質必定會衰老，在衰老的過程中，會變得不靈活甚至疼痛，那是正常的。

　　生病沒有關係，但是要病得健康。什麼叫作病得健康？生病一定會不自在、不舒服。像我這一生，小病不斷，大病幾年一次，最痛苦的就是渾身疼痛而動彈不得。這個時候任何事都要借助他人，自己吃也不能吃，生理排泄也無法自主，根本

不能動。在這種狀況下，真是非常無奈，唯一能運作的只剩頭腦，人好像也變得沒有用了。

✺ 生病也能度眾生

但是不是真的沒有用？不一定！譬如我在住院過程中，並沒有做什麼，但所有的醫生都和我成了好朋友，有的醫生、護士變成我的皈依弟子，照顧我的人也都變成了佛教徒。為什麼呢？是我的態度影響了他們。

這些人幫我清潔身體、吃飯、洗臉、漱口，他們在幫助我的過程中受到了感動。當時我根本沒有氣力講話，也無法特別做什麼，但是我的態度是樂觀、正面的，對他們是抱著感恩的心，對自己的病則抱著接受果報的態度。我也感謝因為生

病，讓我有時間住在醫院裡，體驗人生有這樣的過程，體驗眾生生病的時候有多麼苦。我體驗之後也覺得很好，這就是我面對衰老的人生態度，而我的人生態度則影響了這些人。

所以，我害病的時候其實也在度眾生，雖然這不是我的本意，但對那些人產生了益處，幫助了他們。

因此雖然我是在生病，可是我病得很健康，並以行動感染到他人，心靈也變得健康有活力。

※ 生病不要怨天尤人

生病的時候不要怨天尤人、哀聲嘆氣，也不要情緒失控。然而，通常人一生病，情緒就不好，都是因為修養不夠。有修養、有虔誠宗教信仰、有佛法修行工夫

的人，在這種狀況下自然會跟其他人不一樣，這就病得很健康。

是不是每一個人都能夠做到病得很健康？如果從中年時就開始準備，到晚年有病痛的時候，就能以較健康的心態面對。

前行政院院長孫運璿先生自小即是位很有修養的人，他生病住院時，雖然是被人照顧，可是這些醫生、護士都深受他的感動，非常感恩他、捨不得他。這樣一來，他自己和身邊的人也同時都受益。

如果沒有修養，在醫院裡會因忍受不住身體病痛而叫喊，甚至還出口罵人、動手打人。這是因為病人沒有辦法發洩，身體的病痛問題不能解決，別人也幫不上忙，因此病人總覺得好像身邊的人都不肯幫忙，於是產生了負面的情緒；又因為無法排解，這種人不僅自己痛苦，照顧他的

人也很痛苦。所以我說，要病得健康，是
在心境、修持上有所磨鍊。

———

（選自《生死皆自在》）

聖嚴法師的叮嚀

一般人因為不知感恩、不知足，
所以遇到災難損失時，
就會產生怨天尤人、忿忿不平的情緒；
而如果能有感恩、知足的心，
遇到任何狀況，
還是會覺得自己是很幸運、很富裕的，
這樣能使自己的心很快安穩下來。

09

知道自己生病是好事

　　有些人雖然從不生病，但一生病就
回天乏術，這是因為他從來都不知道自己
身上早就潛伏著病灶，不懂得好好愛惜身
體，當醫生發現時，已經為時已晚。

❋ 生病乃人生之常態

　　由此看來，能夠感覺到自己有病的
人是很幸福的！但我們也不需要常常活在
疾病的恐懼不安之中。例如，我有一位朋
友老是抱怨說，自己這裡有病、那裡有

病，要不然就說自己活不到下個月了！這樣的話語不論對他人或自己都是不好的暗示，也會造成不好的影響，並不是正常的心態。

因此，平常我們要抱持「生病乃人生之常態」的觀念來愛惜身體，當真正生病時，則要避免疾病對心理造成的不良影響。有些人發現自己生病後，就像洩了氣的氣球，以為自己沒有希望、就快要死了。

其實，既然生了病就要治病，並且要將心情提振起來。能提早發現身體有病，就能夠多加愛護、保養、治療。至少你還不會馬上死，還有時間處理很多事！所以，發現自己生病了，不正是一件值得高興的事嗎？

❋ 身體有本錢才能還債

再以佛教的觀點來看，我們過去世造了很多業，所以當病痛來襲、身體感到不舒服時，要認為這是藉由生病來還報、還債的。能夠還債表示你還有本錢，有本錢還債才能「無債一身輕」，這是值得安慰的。

———
（選自《真正的快樂》）

聖嚴法師的叮嚀

我很忙，
總能找出時間，完成應做的工作。
我常病，
總能調整身心，猶如健康地活著。

10

最健康的人

　　我曾經看過一對母女，母親將近九十歲，躺在醫院裡，女兒五十多歲，頭髮白了，而且也退休了。

✤ 家庭的互助精神

　　母女倆相依為命，女兒常在醫院裡照顧老母親，老母親覺得很對不起女兒，就跟女兒說：「人家說久病無孝子，我已經病了這麼久，你怎麼還在照顧我啊！為了不要拖累你，我想早一點死，你不要再照

顧我了。」

　　女兒聽了就流著眼淚說：「媽，現在我沒有事情做了，媽媽讓我照顧，就是我的事。現在我們兩個人相依為命，如果媽媽先走了，我就成為一個孤獨的人，媽媽你不能走啊！」

　　這個故事很令我感動，這就是家庭的互助精神，家庭的溫馨。

※ 廣結善緣，幫助他人

　　十八年前，我在美國時，有一位信眾已將近八十歲，住在老人院，我問他：「你住在老人院，沒有事了吧！」

　　他說：「師父，我忙得不得了！」

　　我說：「你忙什麼？」

　　他說：「那些老人家，沒有人照顧啊。師父，挺好玩的，他們都已經七、八

十歲了，還會向我撒嬌呢！明明沒有病，看到我就裝病，要我去看他們。我知道他們是假的，但是有人需要我幫忙，我很高興。你看我像八十歲的老人嗎？」

他就是因為有佛教的信仰，不怕死，願意廣結善緣，幫助他人，所以他雖然已經是近八十歲了，卻像一個年輕人，生活得非常健康自在。

假使一個人老是擔心沒人照顧，等著別人來照顧，這個人一定沒有安全感；如果能夠發心，哪一個人乏人照顧，我就去照顧他，一直到死為止，這樣你會成為最健康、最有安全感的人。

———
（選自《人間淨土》）

II

生病不是倒楣的事

　　用佛法來講，碰到問題，做任何事的態度，可以用四句話來運用，即：面對它、接受它、處理它、放下它，也就是「四它」。勇敢面對問題，接受現況，看應如何處理就處理，處理之後就應放下；放下不是放棄，而是處理之後，不要牽掛成功與否。因為成功了不必沾沾自喜、得意忘形，失敗了也不要覺得灰心喪志。只要面對事實、接受事實，就不會老是自怨自艾。

✳ 活在當下

「活在當下」是面對現實，現在處於什麼階段，就要把這個階段的角色扮演好。所以，對於生病而住院的人，就不要住在醫院裡還想著：「如果不是住院，我現在可以做很多的事，可以賺很多的錢。」如果一直這樣想，不就是自尋煩惱嗎？

既然已經住院了，就面對這個事實，活在當下，把病治好為目標，將害病當成一個機緣，平常忙得沒有時間修行，現在躺在病床上就可以多念幾句佛號了。

或許有人覺得躺在病床上很痛苦，那就應該利用這個機會體驗一下生病的滋味，增長慈悲心和同情心。

❋ 善用生病來修行

出家人說：「比丘常帶三分病。」這是指受了比丘戒的法師常常帶著三分病痛，能成為助道的因緣，因為自己有病痛而能心存慈悲，看到其他病人時，比較能體會他們的病苦，會想辦法協助，這就是慈悲心。

要逆向思考地將生病視為助道的因緣，不要把它當成倒楣的事，能夠這樣想，那麼就能病得很健康。

（選自《生死皆自在》）

12
生命無常，珍惜人身

佛教說四大無常、五蘊非我，能了
解這點，從人生的痛苦中解脫，就能體會
真正的樂。四大無常、五蘊非我，這是事
實；也正因為無常，更要珍惜，從無常當
中得到積極的啟示，所以「無常」一點也
不消極。

❀ 人身難得

佛教說人身難得，生命是非常珍貴
的，而人身的組成，就是由四大而來。所

謂四大，是指地、水、火、風。地是礦物質，水是液體，火是熱量、體能，而風是呼吸、循環系統。這四個因子相互影響、互相作用，少了一樣，生命的現象就不完整。例如液體的流動（水大），要靠呼吸循環系統（風大）和熱量、體能（火大），而能量則蘊藏在礦物質裡（地大）。這四大如果能調順，生命是活潑有力的，四大不調就容易得病；四大若分解，人就會死亡。人的存在就在四大之中。

四大無常

四大無常的意思，指明它因因緣和合，而有生命生成。但終歸要衰退、分解、離散。人的一生往往追求四大的協調和順暢，使生命現象茁壯精益；其實，生命高峰期的階段很短。由人的成長歷程看

來，五歲之前，懵懂無知；大概要過了五歲，才知道有個體的我，開始慢慢學習；十歲左右學習速度加快，這段學校教育的學習過程，大約要到二十歲左右，有的人更晚。但即使畢業進入社會，也無法馬上貢獻所學所能，還是得在職場中學習、適應一段時間，真正熟練工作都得到二十五歲。

聯合國一般以六十五歲為退休年齡，現在雖可往後延，也不會超過七十歲，就算能延到七十歲；算算看，人生最精華的時期，不過四十五年，這是非常短的。就在這四十多年間，通常是成家、立業、照顧高堂及幼兒的忙碌階段。

在這段忙碌期間，許多人尚不察覺體力、精神和時間有多珍貴和短暫，還要放逸、懈怠、浪費。像狂賭濫嫖、縱情酒色之徒，年輕時，以為再多的伴侶也應付得

來，但中年之後，身體就會告訴他，已被他透支了。

　　就是一般人，年輕時或許自認精力用不完，但體能消耗之快，往往超乎預期。

（選自《歡喜看生死》）

聖嚴法師的叮嚀

生理能達於和平便是四大調和，
四大若能調和，百病便不生，
這是相當困難的。
因為心理有病，身體就不能沒有病，
因此，要想身心統一，
就必須先有和平的內心世界。

13
如何對待身體？

　　我們愛惜身體，期望身體是快樂的
泉源，感官是歡娛的入口，雖然身體給予
我們快樂與歡娛，也帶給我們問題，身體
並不像我們認為的，總是那麼地珍貴或可
愛。事實上，身體是不淨的，這不是指流
汗或體臭之類的問題，而是說身體會給心
帶來困擾。舉一些明顯的例子，像身體不
適，或是疲憊、生病、飢餓的時候，都會
引起痛苦。

❋ 身體不清淨

　　最主要的是，身體會引起內心的煩惱，當身體與環境衝突，或是與這個世界有不平衡的現象時，內心就會產生煩惱。如果身體是清淨的，應該只會帶給我們喜悅和智慧，不過事實卻並非如此，可見我們的身體是不淨的。但是讓身體不清淨的，究竟還是我們的自我意識。因此，與其將身體視為歡娛的來源，倒不如用它來修行、廣結善緣，那麼這個身體就會變成智慧與功德之源，也就清淨了。

　　當我們投生入胎，我們的生理就處於不淨的狀態中。前幾天我去驗血，醫生提到我的血液中含有毒素時就說：「每個人的血液裡都含有毒素，沒有一個人的血液是完全沒有毒素、汙垢，不含廢棄物和元素的。」

這位醫生雖然並不是佛教徒，但經過仔細地思考後，我完全同意他的說法，我們的色身的確是被各種不淨的物質所汙染。當身體的基本組合成分不淨時，就像血液，就會直接或間接地影響我們，讓我們受到病老之苦。因為我們無法接受苦的事實，無法面對苦的真相，心也受到汙染了。

✸ 從煩惱中解脫

相反地，如果我們能觀照，了知到覺受往往會為我們帶來苦惱，那當我們享樂時就不會那麼興奮，遇到困難時也不會那麼沮喪了。這是因為我們已經有了認知，理解到「受」是苦，「生」也是苦，所以遭遇困難時不會起煩惱，而這就是智慧。如果我們能「觀受是苦」，就能得到智

慧，從煩惱中解脫。

（選自《三十七道品講記》）

聖嚴法師的叮嚀

身體是不實在的，
出生之後，
便不斷地邁向老、病、死亡。
所以明智之士，
要知道身體是很不可靠的、
是不足依怙的，
宜提高警惕心，
珍惜它、善待它、善用它。

14
放鬆身心的妙方

　　現代人的生活通常很緊張，如何使用真正有效的方法來讓自己放鬆一下，是非常重要的事。

　　放鬆身心和縱情娛樂並不相同。

　　有些人以唱卡拉 OK、跳舞、喝酒、飆車、開車兜風、釣魚、登山、划船、打球等，做為放鬆自己的消遣娛樂。這些活動的確可以調整生活的節奏、轉換生活的環境，能使身心得到緩衝的機會，也可以達到在短時間內放鬆一下自己的目的。

　　不過，在娛樂的活動之後，往往也

會感到很疲累。本來是工作上的疲累，為了解除工作疲累，跑去跳舞狂歡，喝酒買醉，到第二天則會得到空虛感的疲累。原本是由於工作上的疲累才跑去玩，盡情地玩累了再去工作。就這麼忙著工作又忙著玩，累來累去，循環不已的人，不知道活著是為什麼，也不知道為什麼要做一個人，這就叫作醉生夢死。

隨時都能把身心放鬆的方法是：先放鬆頭腦，然後放鬆肌肉及神經，最後才能使血管鬆弛，如此一來，通體舒暢、身心平衡。

五分鐘靜坐法

通常我教一般人用「五分鐘靜坐法」來放鬆他們自己：

「先把身體各部位調整到感覺舒服的

狀態，容許躺下的地方，平躺一會兒也不錯，舒服地倚坐在沙發上也很好，若不能躺，又無處坐，輕鬆地站一站也不錯。」

「接著要把眼球放鬆、頭腦放鬆、臉部肌肉放鬆，做輕鬆的微笑狀。然後提肩做三次深呼吸，再保持平常呼吸，並把小腹放鬆。在這個時候，全身就應該放鬆了。」

這個方法做五到十分鐘，其放鬆的效果，可以使你感到是一種很大的享受，不只頭腦寧靜，而且身體也得到充分的休息。再度工作的時候，頭腦會很清楚，全身也充滿了活力。

❀ 平常心面對緊張生活

其次，當人們遇到突如其來的衝激之時，例如，被劇烈的動作及尖銳的聲音

嚇到，或被他人用粗話、髒話、刻薄話、冤枉話等激怒的時候，可能會產生歇斯底里的反應，就算再鎮靜的人，血壓也會上升、心跳也會加速。因為受到刺激時，「心」不能平衡，全身都在警戒狀態，脈搏跟著心臟快速跳動，肌肉也跟著緊張收縮，這時候是最耗心神，也是最傷體能的。如在平時練習了放鬆自己，就能做到以平常心來面對一切的緊張事件了。

這時候的首要工作，是從刺激你的對象那邊，把注意力收回來，注意你自己的呼吸，然後注意自己的心念，那麼你的心馬上會平靜和安定下來。接著再以平常的呼吸，注意自己一呼一吸之間的感覺和感受。你的心情放鬆下來，身體也會隨著放鬆，這時候，人家要你生氣，你也氣不起來了；人家要你反擊，你也不會反擊了。

只要懂得如何放鬆自己，就能做到百邪不侵、刀槍不入、延年益壽。

———

（選自《法鼓鐘聲》）

聖嚴法師的叮嚀

想要獲得愉快的生活，
必須要能夠懂得知足，
這樣就能知足常樂。
而我們也要知道如何適度地享受悠閒，
每天要有適度的空間，
讓頭腦能夠休息放鬆。

15

睡前放空自己

　　「吃飯時吃飯，睡覺時睡覺」是修行的態度，也是生活的態度。生活就是修行。提到「禪修」，很多人當它是神祕主義，或者像印度的瑜伽一樣，要盤坐、練氣，收攝身心。其實，禪是不拘形式的，禪就在日常生活中，所以「吃」與「睡」都是修行。

❋ 該吃不吃，該睡不睡

　　但在忙碌的現代，很多人該吃的時候

不吃，忙著開會、聊天、看報告，就算邊看邊吃，也是食不知味。該睡覺的時候又是胡思亂想，還放不下白天的事，擔心明天的事，大腦無法停下來，就算睡著，也睡得不熟，醒來還是非常疲倦。

這樣，該吃的時候不好好吃，該睡的時候不好好睡，這就不是修行了。就算填飽了肚子，卻不知道吃進去的是什麼滋味；就算睡在床上，卻是多思多慮，完全得不到放鬆，這覺是白睡了。

無法好好睡，是現代用腦工作的白領階級的通病。要擔心、在意、憂慮的事情太多；有人失眠，還有人有憂鬱症。所以，要能睡覺時好好睡覺，必須先找出原因，找出自己憂慮的癥結，解決它，該去看醫師就要去，並且按時服藥。

※ 放鬆身體好睡覺

在修行者來說，睡覺前會把自己放空、放鬆。可以先洗個熱水澡，之後打坐，讓身體肌肉舒緩鬆弛，腦子的運作步調也跟著慢下來，盡量什麼都不要想。上床的時候，練習體驗自己的呼吸，感覺每一次呼氣、每一次吸氣；如果心裡還是七上八下，就可以數息，從一到十，一進一出算一次，一直數到十。大半還不到十，就會睡著了。

有人失眠就數羊，一隻羊、兩隻羊……，我建議不如數自己的呼吸；羊跑掉了，就回到自己的呼吸，把身體放鬆。

改變睡覺姿勢，也會對改善失眠有幫助。如果是短暫的休息，例如中午午睡，就仰睡；若是夜晚睡眠，就右側睡，不會

壓迫到心臟，這樣有助於睡眠品質。

（選自《方外看紅塵》）

聖嚴法師的叮嚀

睡覺前要放鬆情緒，
頭腦中的事暫時放下，
沒做完的事不要擔心，
擔心也沒有用，還是安心睡覺，
睡好了起來可能做得更好一些。

16

因禍得福

當我們觀察周遭的人時，常常可以發現，性情暴躁、容易為小事動怒的人，身體大多也有些毛病，例如肝功能不好、內分泌失調等。而每逢心情頹喪、悲觀厭世時，正好也是精疲力竭的時候，身體所供給的能量不足以應付各種事務，因此，我們很容易把一個人的性情歸諸於身體的影響。

❀ 心是身體的主人

身體的病痛的確有可能影響心理的

健康，不過可以確定的是，心是身體的主人，如果心理脆弱、不健全，一定會影響自己的健康狀況。所以，身體上的缺陷或病障可以從調整心理狀態來改善。

首先，我們要接受人的身體本來就有病痛的事實。曾經有人問我，什麼人不生病？我回答他說：「不生病的人已經死了，而沒有病的人還沒出生。」因為死了的人不會生病，出生以前也沒有疾病可言，除了這兩種人以外，沒有人是不生病的。

❋ 一出生就有病

生、老、病、死是自然的法則，從出生開始，我們就不斷經歷老化的過程，而且在遺傳因子裡，人人都帶著病因，也就是一出生就已經有病，並非等到年老才會

生病。

　　所以，無論是否感覺得到，實際上每個人的身體都有病痛。像我從小就病懨懨的，但因為知道自己的身體羸弱，所以我會照顧自己，不暴飲暴食，也不過度勞累，因此到現在還活得好好的。也正因為生病，讓我覺得自己的福報不夠、業障很重，所以才懂得慚愧。因此，生病對我來說，反而是因禍得福。

——
（選自《真正的快樂》）

17

心不隨境轉

　　心隨境轉，即是煩惱，即是凡夫，會為自己也為他人帶來困擾。學習佛法的人，不可以心隨境轉；可是我們卻經常陷在境中，不是在內境，就是在外境，由於觀念模糊，又不善於用方法，於是忙得團團轉，不知該將心安放何處？

❀ 不困於外境和內境

　　內境是指心中的妄想、煩惱；外境是環境中的人、事。大多數的人認為煩惱來

自外境，為此對外境產生占有、排斥或對立。其中，事雖不會惹來煩惱、困擾，但因為有人心的作用，因為加進了「人」，啟動了妄念，「事」就變得複雜，就會衍生出很多令人煩惱不已的問題來。

事實上，最難應付的是內境的虛妄念及顛倒想。一般的人都只想到瞋、愛等的境界現前時是苦惱，卻沒有意會到妄念、狂想也很麻煩。例如有一樣食物在你面前，吃也好，不吃也好，沒有什麼關係；可是萬一有人叫你非吃不可，或者你想吃而他偏不給你吃，或者給你少一點，這時候你的心便起了煩惱。這些源自心內的狂想、妄念，很少人能夠明察秋毫，總認為是外境的問題，因而埋怨環境、責怪環境，無法安心。

心隨境轉，涵蓋了心外之境和心內之境。一般心內之境是指貪、瞋、愚癡，

稱為三毒；此三心一經觸動，煩惱隨之而
至。不能安心的人，此三毒隨時都可能從
八識田中冒竄出來，然後在心田中猛打煩
惱鼓。煩惱鼓一打，心就不能安；心不能
安，身體也就跟著不安；身體不安，就要
找醫生看病了。

❋ 別跟自己過不去

　　此外，身不能安，便容易跟自己過
不去，也易與人樹敵，跟人生氣，對任何
事情也都覺得不對勁。而且身體害了病，
醫生便會要你治療、調養，本來是小病，
一下子更增添了另一層病，心病又接踵
而來。

　　本來是心病，然後變成身病，身病又
變成心病，這身、心兩種病的惡性循環如
滾雪球般，愈滾愈大。所以，看病愈看愈

多、範圍愈看愈大，心離開佛道也就愈來愈遠。

病是業報，業隨心轉。有謂「罪性本空由心造，心若滅時罪亦亡，罪亡心滅兩俱空，是則名為真懺悔。」這是因為實證「空性」的緣故。所以要常常練習觀空；心住於空，安於空，觀無常，觀無我，重病就會變輕病，輕病漸漸地就會轉為無病。這是收心、攝心的方法，一定要學會，不要被境界所轉了。

（選自《法鼓晨音》）

18

久病成良醫

　　雖然我們不要被身體所困擾，老是想著這裡病、那裡病的，不過如果身體出了狀況，還是要就醫，否則後果不堪設想。譬如你的眼睛痛，你說：「我是不買帳的，痛吧！我還是用它。」到最後，你的眼睛可能會瞎了；所以，如果身體有狀況，一定要注意，真是有問題了，還是要找醫生。

　　例如我的手肘，不知道是因為寫字，還是過度使用，經常會痛，就是俗稱的「網球肘」，只要我一想到它，它就痛，

我不管它、不睬它，就忽略了這個痛。但應該戴護肘時，我也會戴，戴的時候好像好一點，但痛還是痛。

❋ 與病共生同死

我曾經問一位榮總的醫生，這應該怎麼辦？醫生說他也有這毛病，要我多休息。我就問他：「請問大夫，你休不休息呀？」他說他的業障重，沒有辦法多休息，因為他忙得不得了，要門診，而且是總院、分院兩地跑，還要教書，忙得沒辦法休息。

「法師您是出家人，可以休息呀！」他以為我們出家人很清閒沒有事，可以多休息，我就跟他講：「我也是業障重，要我多休息，我也沒有辦法。能夠幫我改善的就改善，不能改善的就算了，我就是與

我的病共生同死了。」沒辦法改善的病，
就跟它在一起吧！

　　總之，我們對身體的照顧，小病不
要太在意它，比較嚴重、實在沒有辦法的
時候就要看醫生。不過俗話說「久病成良
醫」，病久了、經驗多了、年紀大了，
曉得自己的病是什麼狀況，自己應該會照
顧。現在我可能比醫生更曉得自己的身
體狀況，知道需不需要打針、貼膏藥、
吃藥。

　　有人說我這個人老是病，但我就這麼
拖過來了，一直拖到現在，我沒有想死，
也不怕死，累的時候就休息一下，七十
五歲的老人，身體能夠有多好？就是面對
它──生、老、病、死，然後接受它、處理
它、放下它，這也可以說是我們出家人的
精神。

❋ 願眾生都能離苦

俗話說：「比丘常帶三分病。」這是說生病也是一個助道的因緣，讓你知道病苦是什麼；但是假如比丘、比丘尼常常害病，老是需要他人照顧，這就有點麻煩了。帶病，並不是就要人家來侍候，帶病還是要自己獨立。有病，自己曉得病是苦事，曉得生命無常，應該更精進，更加打起精神來。

出家人有病而被病困擾，那是道心不夠，出家人有病，除了找醫生治療外，就是靠我們的信心。要常發願，常在觀世音菩薩面前慚愧懺悔，然後發大悲願，願眾生都能離苦：「願我能夠奉獻給眾生，奉獻我自己成就眾生，讓眾生離苦。」看到眾生有病，就想到眾生需要幫助。自己有小病，將它視為生、老、病、死的一環，

任何人與生俱來都帶著病來的，沒有一個人是百分之百健康。心情經常保持愉快，保持法喜，就不會被病、累等等打倒。

———

（選自《法鼓家風》）

聖嚴法師的叮嚀

病多久才好，則不去管它，
病沒有好是業報，病好就是業消了。
身病而心少惱，
便是修行佛法的好處和用處。

Chapter

19
當被癌症撞上時
怎麼辦？

　　生存在現代社會的人類，罹患癌症的可能性相當高，因此每個人都要有被撞上的心理準備和高度警覺。這不是觸人霉頭，而是先有居安思危的心防，才能臨危不亂。

　　不過，也不必杞人憂天，過多的擔心和焦慮，只會降低身體的免疫力，有礙健康。致癌的原因很多，有些也尚不明確，應該定期做身體健康檢查，以便及早發現，及早治療。平時則應保持飲食正常、作息正常、心情平穩，加上禪修等的精神

修養，罹癌的可能性會減少一些。

❊ 面對事實，積極治療

　　一旦罹患癌症時，該怎麼辦？只有面對事實，積極治療，試著放鬆自己的身心來面對，並且接受癌症的事實。如果可以做到這一點，病人就會比較輕鬆，也不會讓家人陷於恐慌悲苦的絕境中。我經常勸勉罹患重症的病人：「把病交給醫生，把命交給佛菩薩（或者是自己的宗教信仰），如此一來，自己就是沒有事的健康人。」而且我會鼓勵發現患了癌症的人，想做什麼有意義的事、想學什麼有興趣的東西，就去做、就去學吧，只要不太勉強自己的體力。

　　曾經有一位篤信佛教的醫師罹患了癌症，他不但沒有因此而消沉，反而把身上

的癌細胞稱為「癌菩薩」。意思是說，罹患癌症反而幫助他更積極地修行菩薩道，培養出更深厚的慈悲心與智慧心來。因為他在接受化療的過程中，深刻體會病痛的苦，因而生起慈悲心，治療後當他回到工作崗位上，便以無我的慈悲心看護所有的病患，一改他原本浮躁的脾氣，變得溫柔友善，樂意主動呵護病人。

❋ 善用患病的機會來自利利人

罹患癌症本不是件好事，若從正向的角度來看待，也可以善用患病的機會來自利利人。為什麼這麼說？因為能夠提前預知死亡，所以可以在有限的生命裡，多做自我淨化的工夫。人的一生之中，說的好話通常不多，做的好事也不多，卻還覺得自己是個好人，但在患病的過程中，病人

的人生觀多半會改變，態度會轉化，心靈
會變得澄淨——雖然身體患病，但是人的素
質卻提昇了。何況罹患癌症，縱然已被醫
生告知要準備後事，只要不怕死亡，也不
等待死亡，說不定還有奇蹟出現。所以有
不少人都說感謝癌菩薩使他們懂得人生，
也度他們進了佛門。

　　但這並不表示我們要樂於罹患癌症，
而是勸勉癌症患者及病人的家屬，應當做
這樣的正面思考。對家屬來說，既然家中
有人生病已是事實，就要坦然地接受它，
除了細心照顧，自己不要也跟著急壞了、
累壞了。

　　生、老、病、死是人生的四大苦事，
平時卻很少意會得到，如果不得已罹患了
癌症，或家裡有人罹患了癌症，雖是大不
幸事，但不妨就把它看作是現身說法的菩
薩吧！癌是菩薩，患者是菩薩，是在共同

宣說「苦聖諦」的無上佛法。要處理、要治療、但不用怨怒憤恨，不必憂悲苦惱。

（選自《人間世》）

聖嚴法師的叮嚀

「人命危脆，在呼吸間」，
我們必須接受這個事實。
能夠坦然地接受它，
也就不必擔心生命的安危與否了。

20

身心健康的要領

　　我們經常聽到這句話：「健康即是財富。」又有句俗話說：「留得青山在，不怕沒柴燒。」這些話，大致都強調著健康的重要性。因為有了健康的身體，便可去從事很多的工作，完成很多的事業。故即使家裡一無積蓄，只要他有著健康的身體，他便可處處去工作，處處都能維持生活。我們必須有健康的身體，才能活得更長久，並有餘力去創辦許多的事業。

　　健康可分為：身體的健康和心理的健康。

❋ 身體的健康

先說身體的健康，例如到了該睡覺的時候，跑去打牌；該休息的時候，跑去跳舞或酗酒；身體便不能保持正常的健康了。因為人身體的負擔，有其一定的限度，到了該休息的時候，便得休息，該運動的時候，就得運動。說到運動，在中國有太極拳和少林拳，這是中國佛教和道教所發明出來的運動，在印度亦有所謂瑜伽運動，可見這些也是修行的方便。

人，應先將身體調理得當，才能進一步說到調心的方法。若僅靠運動，而沒有心理的調養，還是不能保證一定長壽的，現代人大都已注意運動，但在修心調心方面尚未形成風氣。

❀ 心理的健康

身體的健康很重要，心理的健康更為重要。以我本身為例，我自幼體弱多病，可是卻很少害病，既說體弱多病，又說很少害病，這不是矛盾的嗎？不！我說多病是身體經常有些不調和，可是我的心理卻負擔得了，而不以為它有多大的痛苦，故說多病而又少病。

任何心理有修養的人，即使身體有些不調和，也不至於演變成嚴重的病害。自古禪師們的身體健康，是由於首先注意了心理健康。

所謂心理健康，即是心理沒有煩惱或觀念中無有偏差。說到沒有煩惱，此並不意味著，有人能事事順遂，而毫無困難阻礙。

俗謂「天下不如意事十常八九」，我

們怎能要求事事順遂呢？事不順遂而不生煩惱即算心理健康。那便是要有心理的準備：要以為碰到不如意是自然和平常的現象，既是自然尋常事，也就沒有什麼不如意的了。所以對一切不如意，能不怨天尤人，便稱得上是心理健康的人了。

我曾碰到一位太太，她不斷地跟我抱怨道，她的兒子因受人陷害而一生殘廢。也許她以為這樣跟我抱怨過後，會得到什麼補償吧？可是我告訴她：過去的事，已過去了，再抱怨也是於事無補，現在唯一可做的便是想辦法去補救它。

其實，一切不如意事，都是循著因果律而發生。也許你此生未必做過什麼惡事，可是誰敢擔保說你的前生、再前生，就沒幹過什麼壞事嗎？如果我們能肯定因果的法則，則對於一切所遭受的不如意事，非但沒有怨尤，反而會更積極努力地

去改善未來的命運。

（選自《神通與人通》）

聖嚴法師的叮嚀

享受人生就要珍惜人生、珍惜當下，
每一秒鐘都不要浪費。
因為人生苦短，
每一秒鐘都是可貴的。

21

有病、無病一念之間

　　生死在一念之間，好壞也在一念之間，甚至有病和無病也在一念之間。身體的病「原來」不是病，心理的病才讓人感到嚴重。

　　如果身體有缺陷或疾病，但是觀念正確而健康，這還是「健康」的人；反之，如果觀念不健康，就算身體肌肉發達、健康狀況良好，也算是「有病」的人。心理健康的人，雖然身體上有一些狀況，至少對自己不會是一種負擔，對關心的人來說，也會感到很寬心、安慰。

✻ 火焰化蓮花

在佛教內涵中，火焰並不可怕，如果能夠把火焰當成一朵蓮花，那是更好的。一般人都怕火焰灼身，但如果你覺得它能成就你的生命價值，那就是一朵紅蓮花，稱作「火焰化紅蓮」。你自己雖然坐在火焰上，但是火焰燒不到身上，反而把你鍛鍊得更好，練就金剛不壞身，這就是一種信心。

《法華經》裡形容我們所處的世界是「火宅」，人要成佛就必須到三界裡來度眾生，要跳進三界火宅裡頭，這就像衝向火焰，這是成佛的必經之路，也是必修的法門。所以菩薩不是好逸惡勞的，他們都是專門在三界火宅中救苦救難，只有一些沒有膽量、沒有信心的人才會逃避苦難。

我也常常告訴自己：「哪裡有災難，

我就去哪裡。」那就是正好能夠成就我的地方。不過到火裡救人，也要顧及自己的安全，不能像飛蛾撲火，如果僅僅看到有火就往裡跳，就變成了逃避現實的愚癡。

❋ 培養防禦災難的能力

自己是否能夠體會、能有所準備，先在心理上有所預防，隨時隨地準備好應對突發狀況，這就是因緣及因果。很多事是無法預料的，有人來跟我學佛，我總是告訴他們，生命是無常的，環境是脆弱的，世界是不完美的，了解這個事實後，要隨時準備接受突發狀況，例如意外事故或是天災橫禍。

如果災禍沒發生，是福報，要感恩；倘若不幸發生了，也要感恩，感恩有機會親身體驗並因而成長。隨時用這樣的心態

面對現實，就是一種健康的心理，也就具
有防禦的能力。

———

（選自《不一樣的人生旅程》）

聖嚴法師的叮嚀

很多人都怕碰到逆境，
覺得挫折就是很大的打擊。
其實，如果沒有逆境現前，
一般人不容易成長。

以智慧轉念，
面對逆境

要想心理健康，就要從心調整對環
境的適應力。以我為例，因為我的免疫系
統很差，醫生都希望我能和人多的地方隔
離。我說：「阿彌陀佛，怎麼隔離法？
我一隔離，什麼事都不用做了。我活一天
算一天，盡形壽，在身體還能用的時候就
用，小心就好。」

❀ 為了奉獻而活

因為我要用我的生命奉獻，一直用到

最後一口氣，所以生命很可貴，要好好地用它。除了要注意飲食、作息和環境的影響外，還要經常抱持一種心態：「我是為了奉獻而活。」不要老是考慮壽命長短或平安的問題。能夠用一天就是一天，一天過了就是賺到一天，一天又過了就又賺到一天奉獻的機會。

所以，不要為自己的壽命憂慮，也不要為自己的得失憂慮，能活的時候就繼續活下去，不能活了就死亡。得到什麼、失去什麼，往往都是虛幻的執著，出家人沒有東西好失去的。

❀ 盡力而為

譬如你們每個人都有課本，如果課本不見了，課還是要來上，不要一本書不見了，就不來上課。如果人家問起，就說不

見了，不要因此覺得不好意思，課也不來上了，沒有這個必要。除了這種得失心不要有之外，讀書的時候也不要計較成績。分數好是正常，分數不好，如果是懈怠那當然要檢討，但如果已經盡了力那就問心無愧；盡力並不是拚命，而是盡你的心力、體力、時間，盡你所能夠做得到的，不要那麼緊張，內心要保持平和。

———

（選自《法鼓家風》）

聖嚴法師的叮嚀

雖然人的生命是很脆弱的，
我們的時間、體力往往也不夠用，
可是就是因為生命太短暫，
能力也不足，
所以更要充分地、積極地奉獻自己。

Chapter

23

佛法如何醫心病？

如何用禪佛教的方法治療心理的病苦？

（一）用觀念的方法，可以試舉三種：

1. 因果的觀念：因果觀念是宗教的信仰，也是事實如此。所謂事實，是在現實的生活裡面，我們做任何事，都會有反應，有結果。如果通過宗教的信仰，就相信這一生之前還有前生，前生還有前生，有無量無數的前生。此生之後還有來生，若不解脫，會有無量無數的來生。我們現

在所得到的結果，也許會有很多不公平的事。有不公平的事，這應該是從過去生所得到的結果。如果我們具足這個信心或這種觀念的話，遇到任何不平的事而又無能克服、無法解決、無法抗拒之時，也可以泰然自若地面對它、接受它了。

2. 因緣的觀念：一切的現象都是由於不同因素的聚合而產生，也由不同的因緣關係而消失。當我們知道任何事的成功之時，不需要那麼興奮，也不需要那麼高傲，因為完成一件事絕不僅是出於個人的力量，而是來自天時、地利、人和，眾多的因緣共同的力量。如果遇到逆境，遇到壞的情況發生之時，也用不著太難過，因為有一位西方哲學家說過：「當黑夜非常黑的時候，就知道離天亮已經近了。」所以任何現象的出現或消失，都是因緣生、因緣滅，哪裡用得著去為之難過或興奮

呢？如能心理平靜，就會健康長壽。

3. 慈悲的觀念：普通人總是希望人家慈悲自己，自己則不必慈悲人家。很多人自己做錯事的時候，常希望人家能夠原諒自己，而說：「請你們不要用聖人的尺度來要求我嘛！」但是看到人家有錯誤的時候，就要得理不饒人了：「你是應該做對的，你為什麼做錯了？」這就是不慈悲。

慈悲可有四個原則：（1）要調和自心的矛盾，（2）要憐憫他人的愚蠢，（3）要原諒他人的錯誤，（4）要關懷他人的苦難。其中第一個要調和自心的矛盾，特別重要。要想自己的心裡安定平穩，必須先要有因果觀念和因緣觀念。自心平和，然後才可能有真慈悲心來關懷他人。你若能夠憐憫他人、原諒他人和關懷他人，就可保證你的心理已經是相當健康了。

（二）用修行的方法，可以試舉兩類：

1. 念佛：念佛有兩種作用：（1）念佛求生佛國淨土，他就能夠把自己的希望，寄託在永遠的未來，而把現在的麻煩，放下不管。（2）可以轉變心理的問題。當心理不平衡時，把心念轉向持名念佛，專注佛菩薩的聖號上去，就能暫時擱下不平衡的問題。所以我常勸人家說：「當你發脾氣要罵人的時候，就念阿彌陀佛。」等於是說：你生氣的時候，把問題交給阿彌陀佛。

2. 靜坐：靜坐的功能可以把散亂的心集中，把不平衡的心安定，然後散念消失，正念相繼，便叫作入定。在這種情況下，任何人任何事，都不會使你煩惱了。然後從定的程度，進一步親證無我的智慧，那便是叫作開悟。悟境出現的時候，心理一定是相當健康的了。不過悟有

大小，如屬小悟，在悟的那段時間，心理沒有問題，悟境過後也可能又有問題。但是，有過開悟經驗的，已經知道如何去解決那些問題了。所以，縱然是小悟，也比沒悟的好。

———

（選自《禪與悟》）

聖嚴法師的叮嚀

如何「轉逆境為順境，
轉困境為光明境，
將苦惱轉為喜悅」，
這就是修行。

24

用禪安心

　　基本上當你發現自己有問題、有病，而不隱藏自己的問題和病，這種態度就是一種健康的行為。

❀ 禪的生活態度

　　平常生活中，禪如何教人安心呢？禪的態度是：知道事實，面對事實，處理事實，然後就把它放下。無論遭遇何種狀況，都不會認為它是一件不得了的事，如果已經知道可能會發生什麼不如意的事，

能讓它不發生是最好的；如果它一定要發生，擔心又有什麼用？擔心、憂慮不僅幫不了忙，可能還會令情況變得更嚴重，唯有面對它才是最好的辦法。

經常有一些患了癌症的病人來看我，因為醫生已經宣布他們的生命快結束了，他們好像是來向我求救，又好像是來向我告別。

我給他們的建議是：一，不要怕死；二，不要等死。需要治療就要接受治療，能做什麼就做什麼，能吃什麼就吃什麼，過正常的生活；不勉強自己，也不要對自己的生命完全失望，這種態度就是禪的態度。

生活很重要，生命很可貴，不要被別人嚇壞，也不要自己嚇自己。偏偏很多人情況明明沒那麼糟，或是事情已經發生了，不能面對接受，還要擔心憂慮，結果

反而是被嚇死的，或憂愁而死的。所以，用禪來安定心的方法，就是應該怎麼做就怎麼做。

✳ 體驗生活，享受生活，認真生活

禪宗有這麼一則故事，有一次，趙州在寺裡見到一個僧人，就問他：「你在這裡住了很久吧？」那僧人答：「是的。」趙州說：「那你喝茶去。」然後他又見到另外一位僧人，問他：「你在這裡住了很久嗎？」那僧人答：「不，我是新來的。」趙州說：「那你喝茶去。」寺裡的院主看到這情形很不明白，就問趙州：「怎麼和尚對於舊住眾、新來眾，都叫他們喝茶去？」趙州就跟他說：「你也喝茶去。」

這就是非常有名的「趙州茶」公案。

這個故事中究竟發生了什麼事？很多人都在猜這到底是什麼意思？其實很簡單，因為那時候剛好是喝茶時間，趙州禪師遇見任何人都請他去喝茶。也就是說，生活就是生活，什麼時候該做什麼事就做什麼事。

體驗生活，享受生活，認真地生活，是很重要的。

————

（選自《動靜皆自在》）

聖嚴法師的叮嚀

這世間處處都有平安，
也處處都不平安。
所謂「處處都有平安」，
是因為如果你的心理狀況是平安的，
當遇到任何狀況，
都不會受到太大影響。

25
心力可以超越體力

　　法鼓山有位悅眾菩薩（義工幹部），是個退休的中學老師。他五十歲到法鼓山，非常精進，上山下海，活力充沛。前些時候我想另外交給他一項重要任務，這位六十多歲的老師說：「師父啊，不是我不想接，是身體不行了，要是接下這個任務，恐怕我要死得早一點。」原來兩年前他得了高血壓，血壓常高到一百九十，白天若有事情沒完成，晚上就睡不著，影響第二天的精神。短短十年，精力差很多。

　　而我是一向體弱多病，可是我的心

力很強，遇到困難不會退縮、放棄。我曾
想，到死為止，我的身體再怎麼病，以我
的心力還是可以叫它動起來。

❋ 菩薩不怕病來磨

　　我五十五歲時曾感染濾過性病毒（帶
狀疱疹），病情相當嚴重，痛得沒辦法入
睡，這樣持續了一個多星期，到榮總診
治病情才好轉。病癒後，體能再也不如從
前，不過，我自知心力還可以，於是六十
歲那年開創了法鼓山。

　　一九九九年（七十歲）春天，我因
牙疾就醫，醫生在執行根管治療時，使用
消毒藥劑不小心，把我的舌頭燙掉一層
皮。糟糕的是，傷口在側邊，吃飯、講話
都會磨到牙齒，其痛無比。我又因白血球
數量過低，免疫力不好，醫生不准我吃抗

生素，三個星期傷口才癒合，多吃了些苦頭。俗話說，英雄就怕病來磨，何況我又不是英雄，精神、體力又耗掉一回。年紀大了，就是不能病，體力消耗了就回不來。

✽ 讓短暫的人生發光發熱

所以，人的體能旺盛時間很短，能量有限，要好好運用及珍惜。正因四大無常，更應警惕；人的生命隨時會結束，不是只有老病而死，什麼時候死、怎麼死都不知道，沒有定數。難怪有人形容人生的短暫像沙漠的植物，一遇雨水，很快就發芽長出地面，開出五彩鮮豔的花朵；然後花謝了結子，水分耗盡，母體就枯萎而死了。中國人也用石火光影形容短暫的人生，猶如兩石相擊，迸出火花、照射的影

子，一閃而過。

在宇宙無窮的時間裡，人的生命真是短得有如瞬間。若能夠懂得珍愛利用，則此生雖短，其價值的延伸是無窮的；如果浪費、糟蹋，不但此生短暫，對未來也沒有價值可言。人總是需要在努力中獲得對於未來的希望和快樂。

（選自《歡喜看生死》）

聖嚴法師的叮嚀

只要我們有信心，
就可以在失望之中看見希望，
在艱苦的環境下創造快樂，
在不景氣的年代裡擁抱幸福。

26

擔心是多餘的折磨

當我們遇到各種困難，甚至危及生命安全的時候，如果懂得佛法、相信因果，就不會產生莫名其妙的恐懼。有一次，一位居士為我開車，他的駕駛技術很好，車開得很安穩，但是在途中遇到一輛飛車，差一點被撞到，還好他反應很快，趕緊閃躲。當時全車的人都在尖叫，但他們看我沒反應，於是問我：「師父，您看到沒有啊？您怎麼不怕啊！」

「怕有什麼用！已經撞到了，怕也來不及；沒有撞到，也已經過去了，還需要

驚怕什麼呢？」

　　小心謹慎是需要的，擔心恐懼是多餘的。我到了以色列，當地經常發生巴勒斯坦激進分子的恐怖攻擊事件。我在那裡有一位弟子，我問他：「你們生活在這裡，覺得恐怖嗎？」他說，隨時隨地都可能遇到自殺炸彈的攻擊，所以經常生活在恐懼之中。我告訴他不必恐懼，「並不是每一個以色列人民都死於恐怖事件，在醫院病死的人，反而比在恐怖事件中死亡的人數更多，對不對？」他說：「是。」

✾ 擔心也沒有用

　　幾年前，臺灣曾有一架飛機在空中發生爆炸，但幸運地只炸了一個洞。當時飛機上所有乘客都非常恐慌，因為人在半空中，連逃生的機會都沒有。其中有位乘

客剛參加完法鼓山的禪七，就跟大家講：
「緊張沒有用，大家趕快念觀世音菩薩，
念觀世音菩薩就沒事了。」他自己念觀
世音菩薩，全飛機的人在緊張之中，也
跟著念「觀世音菩薩、觀世音菩薩」，就
像喊救命似的。結果，飛機平安地降落在
機場。

其實，念佛也好、念觀世音菩薩也
好，或者是禱告你們所信仰宗教的神，也
都有用，那能使我們的心一時間安定下
來，不致於那麼恐懼，就可以比較平安。
如果大家心有恐懼，以致張惶失措、盲目
逃生，那飛機上的乘客可能就麻煩了。

我們出生的時候，大致上就註定了
什麼時候會死亡、在何種情況下死亡，這
是因果。不必擔心死亡，擔心是多餘的折
磨。沒有錯，我們隨時都可能面臨死亡，
但是死亡沒有臨到之前，不必擔心；果真

臨到的時候，擔心也沒有用啊！

❋ 跟阿彌陀佛在一起

曾有一位女士生了病，到醫院檢查，結果醫生告訴她，癌症已經到了末期，還有兩個星期的時間，就好好生活吧，不必治療了，這位太太聽了以後非常恐懼，結果第二天就死了。

另一個例子，也是一位太太，檢查也是癌症末期，醫生判斷她只剩下二、三個月的生命。我告訴她說：「醫生告訴你沒希望了，你可以相信，也可以不相信。不要等待死亡，也不要恐懼死亡，你就發一個願，好好運用剩下時間修行佛法。」

她問我怎麼修，我告訴她，只要拿著念珠，念阿彌陀佛。「阿彌陀佛的意思是無量的光明，也是無量的壽命。你一邊

養病、一邊念佛；念佛時不需出聲，默默地想：我跟阿彌陀佛在一起，阿彌陀佛是無量的光明，我的生命在光明之中；阿彌陀佛是無量的壽命，我念阿彌陀佛，就是念的無量壽。念佛心是佛，我跟佛在一起。」一直到現在，這位太太都還活得好好的。

———

（選自《禪的理論與實踐》）

聖嚴法師的叮嚀

對生命過程中的苦與樂、
逆與順、成與敗、得與失、壽與夭、
健康平安與多災多難，
都應面對現實接受它，
同時也面對現實來改善它。

27

怕痛會更痛，
怕死更快死

我們很少會想到自己的身體是由三十六物組合起來，只會想到這個身體是「我」，執著於喜歡和不喜歡——我好舒服、我不舒服，我好可愛、我好可惡，我好美、我好醜，我好幸福、我好可憐⋯⋯，很少能真正客觀地觀察到，身體就是身體，內臟就是內臟，五官就是五官，皮膚筋骨就是皮膚筋骨，那不是我；如果認定身體就是「我」，因此執著身體，那就會有很多煩惱了。

❋ 讓生命更堅強

最近有位女士，醫生為她檢查之後，要她開刀治療，她很緊張地來見我說：「師父，我要進醫院開刀，我很怕痛，也怕弄不好可能會死。」

我說：「怕痛，會痛得更厲害；怕死，會死得更快一些。開刀時應該這樣想：這個身體正在接受治療，沒什麼好怕的，如果真會死，怕也沒有用；不害怕，生命力便會堅強些，活的機率高一些。」

❋ 放下自我就放下恐懼

她聽了我的意見，就進醫院開刀。開刀之前醫生問她要全身麻醉還是半身麻醉，全身麻醉是開刀時沒有知覺，手術後恢復得慢一些；而半身麻醉，只是開刀的

地方不會痛，但意識清楚，手術後恢復比較快。她因為用了我教她的方法，知道怕也沒有用，於是就用半身麻醉，而且一邊開刀還一邊透過鏡子欣賞醫師為她開刀的過程。開完刀之後很快就恢復了，之後她來見我說：「師父，開刀一點也不可怕，開刀只是醫生在開這個身體的刀，跟我沒有關係。」這就是用觀身的修行法了。

——

（選自《三十七道品講記》）

聖嚴法師的叮嚀

不要為未知的事情擔心，
放下妄想和憂心，
專注於正在做的事情，
只要盡力而為，試著把事情做好，
相信一定可以減輕壓力。

28

慎用催眠術治病

　　催眠術治病法有臨床上的實際效果。
不過，一個人的心裡若有解不開的結，仍
然必須依靠自己做心理建設，勇敢地面對
問題，才是治本之道。

　　我不懂催眠術，也沒有被催眠過，
但我確實看過有人被催眠而把病治好的例
子。精神科及心理治療醫生，多少都學過
催眠技術，用來治療病人的身心障礙。所
以說，這門技術也值得給予肯定。

　　必須注意的是，催眠術有其療效，卻
不一定必然有效，以目前坊間流行的《前

世今生》（*Many Lives, Many Masters*）這本書為例，該書描述的案例是說，患者經過催眠之後，見到了前生（過去世），然後患者的病就被治好了。

✳ 精神上暫時的安撫

從佛法的立場來看，催眠治療只是精神上暫時的安撫；如果是因為身體的不平衡而引起的心理不平衡，還是要用藥物治療及物理治療或食物治療，才會比較踏實。如果催眠術用得過度，反而會引起患者心理不平衡的後遺症。

兩千五百多年前，出生於印度的釋迦牟尼佛，具有三明六通的大神通力，比催眠術要高明得多，但是，當釋迦牟尼佛以及佛的聖弟子們害病時，也會請醫生來診斷治療。所以，身體有病就交給內、外科

的醫生看，心理有病就交給心理醫生看，精神有病就找精神科醫生治療，這才是正確的作法。

我只能說，催眠術可能有其作用，但是，我不相信催眠術能治一切的病。唯有心理建設的工夫，是治療一切疾病的根本方法。

✱ 最好的治病之道

正確的心理建設指出：我們有病，必然有其原因。病因包括身體上、生活上及環境上的種種原因，再加上自己在過去世帶來的業報，是其主要的病根；如果只看到這一世的原因，往往無法把病因解釋得很清楚，因此，必須追溯到前一世或更多的過去世所造的業報。有一些人得了某種莫名其妙的怪病，看多少醫生也治不好，

佛教稱之為業障病，若能用催眠術治得好，那就違背因果的原則了。

　　不論得的是哪一種病，病因是什麼，如果患者的念頭和心理傾向可以轉變的話，不要怨天尤人、不要害怕逃避、不要恐懼不安，心平氣和地面對疾病，該治療就治療、該吃藥就吃藥、該怎麼做就怎麼做，那麼可能活得久一點，病也可能好得快一點。面對果報、接受果報、改善果報，這才是最好的治病之道。

（選自《叮嚀》）

29

將心比心接納病人

　　臺灣光復後，痲瘋病被視為恐怖的瘟疫。所有患者都被隔離了，大家害怕被傳染，怕到連看見他們都不願意，遠遠把他們集中關在一個地方。即使後來他們的病治好了，或者證明痲瘋病不會再傳染，但群眾還是不了解，仍然害怕接觸痲瘋病患。直到醫療較發達的現在，中國大陸的某些偏遠地方，仍然有痲瘋村，患者仍被隔離在正常人群之外。由於村子被隔離，小孩沒法受教育，也沒有戶口，真是悲哀。

❋ 對疾病理解不足

現在，臺灣社會開放多了，人民對各種疾病也有較多的了解，但是心理上，還沒辦法完全去除某些恐懼。例如愛滋病，醫學早就研究出愛滋病毒不是那麼容易傳染的，但大家仍然會談「愛滋」色變。或者像精神病患，大家以為他們會鬧事、有暴力傾向、會拿刀殺人。但事實上，有暴力傾向的精神病患，比正常人還少，反而喝醉酒的人還危險一點，比如酒後駕車，對眾人不是更有危險性嗎？但是大家反而不怎麼怕喝酒的人。

所以，排斥或恐懼，大概都來自對疾病的無知、理解不足，所以急著把他們排拒在正常社會之外，這是社會很大的不幸。

要減少社區排斥這些患者或弱勢者，

需要更多的溝通與文宣，這是政府、病友團體和媒體的責任，應適時降低大眾的恐懼感和誤解。

例如就我所知，很多人不知道，和愛滋病人握手、一起吃飯，根本不會傳染愛滋；只有藉性行為或血液傳輸，才可能傳染；即使唾液也不會傳染，除非口腔有傷口，否則親吻愛滋病患是沒有關係的。

像這些知識，只要理解就不會害怕；知道它不會藉空氣或上廁所使用馬桶等途徑傳染，就可以減少很多恐慌。又如精神病患，發病時就送他到醫院治療，如果平常服藥控制得好，也能正常生活在社區裡，不需要害怕。

❀ 互相體諒、彼此理解

對生病的人，眾人要有慈悲心，因為

不知何時，我們自己也可能成為病人，可能感染愛滋，也可能有精神疾病。如果你希望當你是病人時，別人能接納你，今天就要張開雙手接納別人，這是將心比心。

話說回來，居民會這樣排斥、害怕，解決之道是溝通、解除疑慮，不是運用警察勢力強力介入。強迫的方法，沒辦法化解恐懼，也不可能消除誤解，這需要更多互相體諒、彼此理解，才是根本解決之道。

（選自《方外看紅塵》）

30

出生後就開始一路老

　　佛教的「老」這個字，並不等於老年人，而是說生命從出生以後，就進入老化的過程。所以，「老」這個字不是老年人的老，而是指生命漸漸成長，一直到死亡為止的過程，都是「老」的階段。人生的各種階段會有各種疾病，有的是心理疾病，有的是生理疾病；一般人只看到生理上的病痛，而沒有看到心理上的病痛。有的人以為心理的病是指精神病，其實只要心理不平衡就是心理有病，也稱作煩惱病；心理的病也會造成身體上的殘障或不調和。

❋ 接受老的事實

佛教是以面對人生過程的事實來勸告大家，不要因為年老而覺得不能接受，也不要認為年老會死亡是很可怕的事。人有疾病很正常，沒有病痛才奇怪。有很多身體非常健康、肌肉非常發達的運動家，並不一定是心理健康的人；而像我這樣常常有疾病的人，也不一定是心理不健康的人。

❋ 拉近老人與年輕人的距離

可是一般年輕人沒有想到自己會老，而年紀大的人，特別是老人，他的思想觀念與生活習慣和年輕人都有很大的差距，談話時很不容易投契。但是，還是希望年輕人應該想到老人也曾經年輕過，他們年

輕時可能比我們更風光一些，比我們更聰明、優秀一些。

　　只是現在年紀大了，他們學習或適應的能力，以及調整自己的能力愈來愈差、愈來愈慢，所以讓年輕人覺得距離很遠。如果年輕人能想到——年紀大的人也是從年輕的歲月中慢慢走來，自己將來也會走上那條道路；也就是設身處地體諒年紀大的人，我相信這時老人與年輕人的距離會更拉近。

———

（選自《不一樣的生死觀點》）

Chapter

31

規畫生活，享受高齡

　　根據聯合國的標準，所謂的老人是指六十五歲以上的高齡者，有人則是以退休與否做為標準；然而不論以什麼來衡量，我們也都聽說過「未老先衰」、「人老心不老」和「老當益壯」的形容詞，這都說明年齡不是唯一的標準，應該還要取決於心理與生理各方面的因素。

❀ 活得莊嚴，活得快樂自在

　　在醫學發達的今天，活得長壽已不是

難事，重要的是要活得莊嚴，活得快樂自在，那才是年長者所要追求的生活。

隨著年齡的增長，必然會面對心理、生理以及與外界關係的各種轉變；心理上調適得好不好，往往是高齡後生活快樂與否的關鍵。

❋ 心理調適的觀念

因此，在基本的心態上，應具備以下幾個觀念：

1. 把握當下，日日是好日：上了年紀的人最愛回憶過往，適度地表達尚屬健康，但過分地沉湎，就不免消極，要不然就是過度關心身後事。正確的觀念應該是愈到老年，愈要好好把握眼前的時光，讓每天都過得充實有意義。

2. 坦然面對生老病死：接受自己逐

漸步入高齡的事實，明瞭外表、容貌、體力上的改變，都不過是一種自然現象；對於死亡也要以更宏觀的角度來看待，體認到那不是結束，而是另一階段生命的開始，便能坦然面對，不再有任何的恐懼和憂慮。

3. 跟上社會的脈動：現代人身處多元化的社會，若還抱持「晚年唯好靜，萬事不關心」的態度，一定會和社會脫節，到處格格不入，加深寂寞、空虛的感覺。所以要積極吸收新知，多關心周遭的事物，參加社團、慈善公益活動、擔任義工……，跟上時代的腳步。

4. 維持良好的人際關係：退休後的人在家的時間多了，與配偶、兒女相處的機會增加，應該切記「家和萬事興」的道理，不要過分干涉家人的生活方式，也毋需過於依賴，凡事多忍讓、多包容，以感

謝的心珍惜所有相聚的時刻。當然,和過去的同事、朋友仍然要保持聯絡與關懷,同時不要害怕結交新朋友,也要以開放的心胸多和小孩子、年輕人接觸,讓年老的心情更開闊,思想不落伍。

5.尋求宗教信仰:正確的宗教信仰,讓精神有所寄託,情緒得到穩定,即使有什麼病痛也會得到支持的力量,同時也較能泰然面對終老的問題。事實上根據一項調查顯示,有宗教信仰的年長者,通常對生活的滿意度比較高,也比較會有幸福感,這是因為透過宗教的信仰與修行,能讓身、心得到最圓滿的調和。

(選自《法鼓山的方向:關懷》)

32

怕老也是一種苦

老化雖然是一種自然現象，奇怪的
是，很多人都非常介意談論有關年齡的問
題，尤其很多女士們，常把自己的年齡當
作祕密，隨便詢問會被視為是很不禮貌
的行為。當別人猜測自己的年齡比實際年
齡小，就感到很高興；要是猜得比較大，
就會很難過，懷疑自己的外表是不是看起
來很老了？大多數人都不願意承認自己年
紀變大了，也不願意讓別人感覺到自己老
了，希望能夠永保青春，在他人眼中永遠
是年輕的模樣。像這樣不甘願變老，但是

又非老不可，也是一種苦。

❀ 不自欺欺人

　　老雖然不一定是指老態龍鍾，但是到了年老體衰時，當然一定是非常苦的。很多人經常都會安慰我：「師父，您看起來好像只有五十多歲，看不出實際年齡來。」我說：「阿彌陀佛！不要這樣說，我已經七十歲了。」我的身體我自己知道，偏偏有很多人喜歡欺騙自己，覺得自己的身體還滿好的，不像已經七十歲了，其實這只是自我安慰罷了。七十歲就是七十歲，和五、六十歲是不一樣的，之所以自欺欺人，就是因為怕老，這也是一種苦。

✳ 活得更有價值

因此，我們要不斷地警惕自己隨時
隨地都處在老化的過程中，並且要好好利
用生命中的每一分、每一秒。如此一來，
雖然還是在生死大海裡不斷地老化，但至
少能在短暫的生命中，淬鍊出更深刻的意
義，活得更有價值。

——
（選自《真正的快樂》）

聖嚴法師的叮嚀 ☁

正確、健康的人生價值觀是什麼？
只要活下去
就有無限的希望和無限的可能，
盡心盡力，做到自己能做到的最好，
就可對得起自己，也對得起人了。

33

做一個有智慧的老人

人一定會老，不過，老年人應該做到讓別人願意對你「敬老尊賢」，而不要倚老賣老，更不可自艾自嘆日薄西山的晚景淒涼。

❈ 別讓自己成為老人問題

人老了以後，如果不能繼續奉獻社會，又不能善於自處，對社會而言，就造成「老人問題」，增加社會負擔，對家庭而言，既不能照顧兒孫，也不能對家庭有

所貢獻，反而要依靠兒孫供養，自己在老態龍鍾下已不能繼續成長，只有把自己從年輕時代以來累積的功德，慢慢地享受完了，看似已沒有活下去的價值了。

「老而不死是為賊」，在現實臺灣社會中，是最為人所熟知的觀念。那是年輕人希望接班而年長者不想下台，所以才有這種說法。

其實，老人未必就該死，也不一定要死，如果老人具有年輕人所欠缺的成熟和豐富的智慧，就像是一顆飽滿的黃金稻穗，他們的經驗本身，就是非常可貴的財產。

所以，日本人把對於國家社會有貢獻的老人稱為「人間國寶」，乃至於現在中國大陸，對於曾經對社會有貢獻的老人，也是由國家照顧，禮遇有加。

西方則有所謂「再就業」。在退休之

後，可從公家機構進入私人企業，也可從事各種社會公益性質的工作；有的人過了七十歲，還出來競選公職，例如美國前總統艾森豪、雷根等人，都是年逾古稀，還有壯志。

所以，不是年紀老了就要死。一個人即使年紀大些，可是，身體健朗、頭腦靈光，對社會還能有貢獻，活得很有價值。例如，名攝影家郎靜山先生，已經超過一百歲，還在旅遊照相，生活得相當充實。

❀ 活到老，學到老

年紀大的人，只要心理正常、觀念正確，如果又能有宗教的信仰，仍然可以活得很有尊嚴、很有希望。年紀大的人不要以為老了就一定要由兒孫及國家來照顧，在「身體走不動、頭腦不能用」之前，還

是可以過得很有活力。

　　所謂「活到老，學到老」，我們要不斷地成長，永遠地學習。年紀雖大，還是要了解自己所處環境的需要，跟上時代，學習新知。年紀愈大，他所擁有的智慧財產愈多，所以我常說這兩句話：「老年是人生的黃金時代，老年是人生的豐收季節。」

（選自《法鼓鐘聲》）

聖嚴法師的叮嚀

老年人，要活到老學到老。
向誰學習呢？
向兒女學習，向孫兒女學習，
向當下這個時代、社會學習，
才能讓自己有智慧，
並且為我們帶來健康和快樂。

34

長壽的祕訣

我想大部分的人都是希望自己活得愈久愈好，古代中國的秦始皇、漢武帝等，為了求得長生不老，煉丹採藥，可是誰又見過不死的人呢？過去，「人生七十古來稀」，現代人之中能夠活過一百年的，仍是極其稀少。

✿ 有生必有滅

佛說有生必有滅，一切眾生，本是因緣所生法，既是因緣生法，即脫不了有生

有滅的鐵則，故就佛法而言，希求肉體的長生不老，在理論上已是不可能了，更遑論事實。但佛法也不否認我們可用各類養生之道，來延年益壽。

❀ 保持活力和安定力

希望肉體的延年益壽，首先就是生活要有規律，不可造作危害身體健康的活動，如暴飲暴食、酗酒、賭博，以及邪淫縱欲、逞強鬥狠，要注重飲食的營養和衛生，防止病毒的侵犯。其次要守戒律，不該做的惡事如殺、盜、邪淫，絕對不做。不該說的壞話如妄語、綺語、兩舌、惡口，保證不說，多吸收有益身心的思想，多做有益身心的活動。

再其次，精神要有寄託，要有信仰的寄託，消極的是一切生活上的不愉快、不

如意事，皆可用此來化解排除；積極的是我們內在生命的活力，皆可因此而受到鼓舞振奮。最後我們的內心中要有安定的力量，此即如儒家所說修身和養氣的工夫，將心守於一處，不妄想、不攀緣、不為喜怒哀樂所動搖。

心地恆常保持在安定、明朗、愉快的狀態下而毫無一點負擔。自古有大修行的人，雖不刻意於身體的調養，而大都是健康長壽，此即是因他們精神上有所寄託和內心裡有那安定的力量。

（選自《神通與人通》）

35

夕陽無限好，
不是近黃昏

　　人要活得愈老愈精彩，活得愈老愈有智慧。很多人年紀大了，就覺得自己已經來日無多，這是非常消極的想法，也是錯誤的想法。來日無多並非要等死，因為無論我們的年齡多大，死亡都會來臨，只是有的來得早，有的來得晚而已。

❀ 長也是壽，短也是壽

　　我們這一期的生命，也就是這肉身活著的時候，即是一段生命的過程，這又

稱為「壽」，長也是壽，短也是壽。當這段過程結束後，會怎麼樣呢？我們絕對相信，生命不是馬上中斷，而是會繼續下去，因為對佛教徒來講，一個生命的階段過去了，另外一個階段馬上就會開始，所以我說：「夕陽無限好，不是近黃昏。」

許多人往往到了晚年，便覺得生命快要結束，前途是黑暗的，就像黃昏以後即是黑夜一樣。事實並非如此。我們的生命像是太陽，當我們看見太陽從地球的地平線西下，好像是進入了黑暗中，但事實上，在地球的另一頭，太陽才剛剛升起。太陽不會消失、中斷，而是繼續地發光，因此，諸位一定要相信「夕陽無限好，不是近黃昏」這兩句話。

※ 生命永遠是光明的

　　如果不是「近黃昏」，又會是怎麼樣呢？就是馬上有美麗的明天出現，因此，我們要準備著迎接美麗的、光明的明天。生命是一種循環的運轉過程，個人的生命不會消失，不是變成黑暗，因為黑暗是留在原地，所以我們永遠是光明的，請大家抱持這種非常健康的想法。我們活得健康，也要為社會做好事、說好話，如此積功累德，我們的光芒會愈來愈大，最後一定可以成佛。

（選自《法鼓山的方向：關懷》）

36

如何準備老年生活？

佛教認為，生、老、病、死是生命四大現象。人終歸要死，只是有人活得長壽、有人英年早逝。既然在無意外情況下，每一個人都會衰老，不如早一點準備面對年老。

四十歲以後，一般人的體能會漸漸衰弱，記憶力也逐漸減退。現代人大概要六十歲以後才能算老，即使是五十歲的人，感覺起來都還不算老。但還是要從四十歲就開始準備老年生活，不要等到真的老了，才想到要準備老年生活。

要準備些什麼呢？有人說，退休養老，錢很重要。但是，錢財雖有用，卻是不全可靠。我曾見有一位子孫很多的孤獨老人，因他只相信錢財，不相信任何人，愈老愈怕失去錢財，就把全部財產換成現金，找一個隱密的山邊，深深地挖，偷偷地埋，他就搭一間簡陋的木板屋住在那裡。結果他病死在那裡三個多月才被人發現，他的兒孫一個也沒有出現。過了十多年，有人拆除木板屋，在一塊鬆土之下，竟出現了已經腐爛的大筆現金。

❀ 心理健康

我覺得，準備老年生活最重要的是準備兩種健康：「身體健康」和「心理健康」。為了心理健康，最好有宗教信仰，而且要很虔誠，不是偶爾拿著香到廟裡

拜拜。很多例子證明，有宗教信仰的人，老了以後不會那麼空虛苦惱，面對死亡也不會那麼害怕。宗教信仰之外，還要有宗教修養，祈禱、誦經、打坐、念佛，每天做功課，讓自己心中有寄託。維持身體健康，則要多運動、注意飲食，生活要正常、起居要定時，這些都很重要。

✿ 身體健康

如果經常保持運動的習慣，飲食就不是問題，像我每天爬山一、兩個小時，雖然整天都很忙，但運動絕對不能少。邁入老年也不能暴飲暴食，睡眠不能太多或太少，性生活也要節制，不能再像年輕人一樣。總之，就是要懂得養生。

除了健康，還要培養興趣和個人的成長。成長並不限定在財富，雖然財富有成

長也很好；如能做到學問的成長、技術的成長、人際關係的成長、對社會貢獻的成長，一定不知老之將至。如果感覺每天都很有趣、需要做的事很多，身體一定不會差，腦子機能退化一定會慢些，那就不會感到無助、無奈、失落、恐懼了，這不就是快樂的老年生活嗎？

社會應該鼓勵老年人走出閉塞的家，多參與社會公益活動。做志工也需要用頭腦、體力，雖然也會有挫折，但志工不為自己圖謀什麼，純粹為了奉獻，做一天就有一天的成就感。如果老人都能更健康快樂一些，不必經常到醫療機構去，領一堆藥回家吃，全民健保也可以省下不少錢。

————
（選自《方外看紅塵》）

37

別讓病痛成為
生命主宰

　　再怎麼注重保健養生之道，也不可能一輩子無病無痛。所以在心態上要接受年紀大了難免會生病的事實，要認知到飲食、生活習慣會因為療病而有所調整。

　　而且，不要認為生了病就什麼都不能做，如果不是情況特殊，可別成天懶洋洋地躺在床上，或是坐著發呆，應該在必要的休養外，盡可能維持正常的作息和社交活動，只要是自己做得來的事就不要假手他人，否則那會更不利於復健。

　　在養病的過程中，則應格外注重心

理的調適，不要自怨自艾，憂愁不已，也不要亂發脾氣，見到人不要抱怨連連，訴說自己生病有多可憐，罵兒女有多不孝順，更不要誇大病情，想藉此博得別人的同情。應該敞開心胸，一方面接受老病的事實，一方面讓自己的生活有目標、有重心，若有正確的宗教信仰，更可以轉移對病痛的注意力。

人生難免有病痛，雖有醫藥治療，仍然不時感受到痛苦、絕望、恐懼、憤恨，所以最好能有虔誠的宗教信仰。以佛教來說，年長者可以經由念佛禮拜，祈求佛菩薩加被，並在佛法的信念之中，找到安慰，尋得精神的寄託。

❋ 修心養性，常保安樂

上了年紀的人，注重身體保健，強調

生活情趣，無非是希望獲得身心的安樂，享受祥和、悠閒、自在的生活。這些安排固然重要，但是內在修心養性的工夫一樣不可少，否則一旦寂寞孤單，思慮掛念的事情太多，或是受到一點病苦時，立刻身心難安，自暴自棄，情緒陷入低潮。其實上了年紀的人最忌情緒起伏太大，因為心理會影響生理，不少年長者的身體不舒服，醫生檢查不出毛病，最後才發現原來是「心病」造成的。

❀ 從心地上下工夫

佛法向來就是強調從心地上下工夫，而佛更有「醫王」的尊稱，比喻佛能醫治眾生的心病，一如世間的良醫。在《雜阿含經》卷十五、《醫喻經》等，都說到大醫王具足「四法成就」：善知病；善知病

源；善知病的對治；善治病已，更知將來復發的可能與因緣而斷除之。簡單地說，就是說修學佛法，遵循佛的教法，可以徹底、根本地解決心病，進一步得到解脫。在《大智度論》中也有一個比喻說「佛如醫王，法如良藥，僧如瞻病人，戒如服藥禁忌」，更是將佛、法、僧三寶與戒律的關係生動地描繪出來。

佛法的修持是講次第的，故有八萬四千法門之說，所以不論初學或老參，都能找到適合自己根機與性向的修行方法。而除了個人自修外，更可以參加各種共修法會、演講、活動，或是到寺廟中擔任義工。年長者可以因此拓展人際關係及與社會的接觸面，維持積極而有活力的生活態度。

（選自《法鼓山的方向：關懷》）

38

給病人帶來希望

　　有些人在失魂落魄、沒有希望的情況下，如果有人去給他安慰與鼓勵，為他指出一條馬上可以走的希望的路，他一定會眼睛一亮，覺得光明就在面前，你是否有過這樣的經驗呢？

✸ 人生不是活著受罪

　　在臺灣，曾經有位政治人物，他在兩年前中風，需要有人扶著才能走路，再加上當時整個社會環境很亂，他就對自己的

身體健康失去希望、對政黨失望、對臺灣的整個社會絕望。他對他的朋友說：「這個世界對我來說已經沒有希望了，我還活著受罪做什麼呢？早死早升天，早死早解脫，我真想早一點死！」他的朋友把他帶來見我，我就告訴他一種心態，當時他眼睛一亮，忘掉自己是需要人攙扶的，居然能夠自己走路了！

※ 危機就是轉機

其實，我並沒有跟他講佛法，只是說：「世代交替，一代代的交替就是無常，而無常就是常法，這不一定是壞事。常常在變，才能變出好的來，現在的危機就是最好的轉機。只要你的心理沒有問題，你的病馬上會好的！太陽向西方下山以後，明天又會從東邊升起。『前程美

似錦，旭日又東升』；我們稱『錦繡河山』，這河山都是用錦緞繡出來的，非常美麗而有希望。一切都要往有希望的方面看，就會活得很快樂、很健康了！」他聽了我這段話，覺得很有意思，站起來就走了，走了一段路，才想到自己是個有病的人，他就哈哈地大笑起來。我這幾句話為他點燃了希望的信心，所以他很歡喜地離開了！

（選自《觀音妙智》）

聖嚴法師的叮嚀

請大家永遠要給自己一個希望，
到了絕處，
也會出現光明的生路。

39

做個無病的人

　　人人都希望生活在平平安安、無憂無慮的世界，可是我們目前的社會並不平安，焦慮太多。出門時馬路上常見到車禍，看報紙，每天都看到各種不同的災難，出現在這裡、那裡，雖然大家在心裡希望平安，事實上並沒有平安的保障。

✽ 人人平安就是淨土

　　我有一次坐計程車，看見駕駛座上方，掛著十八王公、行天宮等三、四個祈

求行車平安的保護牌。結果司機老是超車、超速，我勸告他開慢一些，他則說：「放心，我開車平安得很，從來沒有撞到過人。」我告訴他：「你是平安，但是你讓人家感到不平安。假如半路冒出一個行人，沒想到有人開這麼快的車，就會發生不幸。讓別人提心吊膽，失去平安的保障，沒有平安的感受，就是在製造不安。」

每一個人都希望平安，但是能不能再想想，當我們做事、開車，有任何動作，有任何言論的時候，是否也能顧慮到讓別人獲得平安的保障。若能人人都讓別人感覺平安，我們的世界就會慢慢地成為淨土。

❋ 生活在健康無病的淨土

生活在淨土世界，應該都是健康無病的，不僅身體健康，心理也健康。但在我們的社會，有的人身體很好，常常運動，可是常和他人吵架，老是抱怨自己的遭遇和家庭，抱怨社會的制度及環境，這種表面健康而心理不健康的人，其實是有病的，而且是害著傳染病的人。心裡充滿怨恨、憤怒和強烈不滿的人，談吐中也會讓人感覺不安全、不衛生，影響到被他接觸到的人。

若希望人間淨土在我們的環境中出現，當要體會淨土的健康無病，就必須要從每一個人自身做起，言行舉止，都是健康的，當別人看到你的面孔時，也能有健康的感覺，不要讓人家見到你時就像見到瘟神一樣，退避三舍。我們要做個無病的

人，並且也要做個消毒的人，常為自己的心理、口頭、身體的行為消毒，也常為社會、家庭消毒，人間無病健康，淨土才會出現。

———
（選自《禪的世界》）

聖嚴法師的叮嚀

———

假如我們能給他人感覺
安詳與安全、慈悲與關懷，
那麼別人感受到的世界，
也相等於淨土了。

40

身體健康，平安如意

　　想發財必須應用我們的心力、體力以及智慧力等去開創、去努力，並不是僅想像或動動嘴，財寶就會從空而降。如果想保有健朗的身體，那就必須不做危害身體健康的行為，不吃對身體有害的食物；希望一帆風順，萬事如意，就必須將已擁有的萬事萬物看得開、放得下、提得起，這樣才能達到如意的境地，否則，也只不過是打妄想而已。

✿ 看得開、放得下、提得起

「看得開」是指得不到的東西不要強求。

「放得下」是意謂著做不到的事情，不要勉強做。

「提得起」是就個人的體力、心力、智慧、才能的範圍以內，假使做得到的，就努力做。

我們由父母所生的身體和頭腦，其力量是極有限的，既會自己生病，也會受到外面種種環境的打擊阻礙而煩惱不已。這些障礙困擾及身體的病痛，並非真由他人所加諸給我們的，而是我們自己從過去無量劫以來和現在所造作惡業累積的結果。但是，如何減輕或解除病痛及障礙呢？最好的辦法是懺悔。

※ 懺悔才能平安如意

懺悔的作用，是坦然地承認自己從無始以來及今生之中所造的種種惡業，所以感得這一生不如意的果報。

當我們懺悔時，是面對著自己所造的惡業以歡喜心來接受，不管是已降臨或尚未來到的果報，虔誠懇切地在佛前求哀懺悔，祈求佛菩薩慈悲攝受並證明自己確確實實地已痛徹悔改，更發廣大菩提願，盡未來際效法佛菩薩不畏艱難，度一切眾生。如此，「將功贖罪」，一方面懺悔，一方面發願，才能使果報減輕或令業果不現。這才是真正求平安、求如意的好方法。

（選自《法鼓山的方向：弘化》）

生死 FOLLOW ME ②

心安病安──40則身心平安指引

Peace in Mind, Calm in Sickness:
40 Guidelines on Peace of Body and Mind

著者	聖嚴法師
選編	法鼓文化編輯部
出版	法鼓文化
總監	釋果賢
總編輯	陳重光
編輯	張晴、詹忠謀
美術設計	化外設計
內頁美編	小工
地址	臺北市北投區公館路186號5樓
電話	(02)2893-4646
傳真	(02)2896-0731
網址	http://www.ddc.com.tw
E-mail	market@ddc.com.tw
讀者服務專線	(02)2896-1600
初版一刷	2023年9月
初版四刷	2024年6月
建議售價	新臺幣200元
郵撥帳號	50013371
戶名	財團法人法鼓山文教基金會－法鼓文化
北美經銷處	紐約東初禪寺
	Chan Meditation Center (New York, USA)
	Tel: (718)592-6593　E-mail: chancenter@gmail.com

法鼓文化

國家圖書館出版品預行編目資料

心安病安：40則身心平安指引 / 聖嚴法師著；
法鼓文化編輯部選編. -- 初版. -- 臺北市：
法鼓文化, 2023. 09
　面；　公分
ISBN 978-626-7345-02-3 (平裝)

1. CST: 佛教說法 2. CST: 生活指導

225.87　　　　　　　　　　　　　112010286